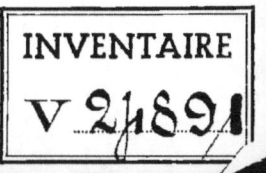

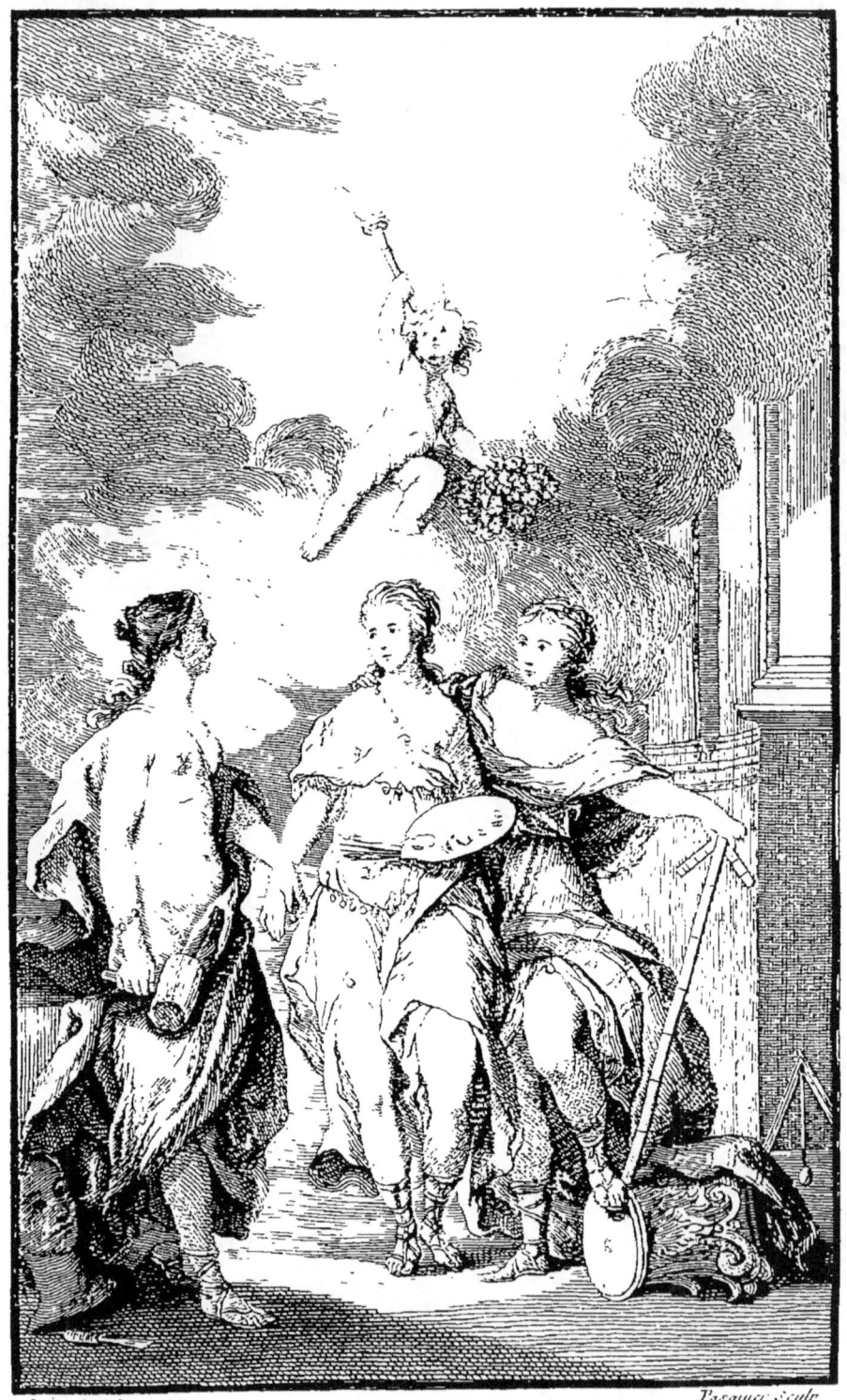

*Facies non omnibus una,
Nec diversa tamen; qualem decet esse Sororum.*

Ovid. metam. lib. 2.

ESSAI
SUR
LA PEINTURE,
LA SCULPTURE,
ET
L'ARCHITECTURE.

. . . . Facies non omnibus una,
Nec diversa tamen: qualem decet esse sororum.
Ovid. Metam. L. 2.

M. DCC. LI.

AVERTISSEMENT.

Quand j'ai commencé ce petit Ouvrage, je n'avois que l'intention de lui donner la forme d'une Lettre. Je voulois simplement répondre aux questions d'un ami * de distinction qui m'en avoit pressé ; mais insensiblement l'Ouvrage s'étant beaucoup étendu, j'ai cru devoir lui donner une autre forme, sous le titre d'*Essai*. Effectivement on ne peut guères le qualifier autrement, & encore cet Essai est-il bien superficiel, puisque je n'ai fait qu'effleurer des matières qui demanderoient bien plus de discussion : mais peu de talent,

* M. de Sainte Palaye de l'Académie Royale des Inscriptions & Belles-Lettres.

A

ij AVERTISSEMENT.

nulle pratique, beaucoup d'inclination pour cette vie qu'Horace caractérise si bien dans une de ses Satyres *, ne m'ont pas permis d'aller plus loin. Un grand loisir, & peut-être quelque goût naturel, aidé par les circonstances, m'ont seulement mis à portée de m'occuper quelquefois de ce qui concerne les beaux Arts. Je demande donc à ceux qui me liront, si je puis me flatter d'être lû, un peu d'indulgence pour cette foible production, en faveur des motifs qui me l'ont fait entreprendre.

J'ai voulu prouver dans cet écrit, qu'avec quelques dispositions naturelles, aidées d'une bonne éducation,

---

* Nunc somno & inertibus horis
Ducere sollicitæ jucunda oblivia vitæ.
Satyr. 6. *L.* 2.

AVERTISSEMENT. iij

on pouvoit acquérir bien des lumières, sur-tout en s'appliquant, en réfléchissant, en comparant. Je m'estimerois trop heureux, si mon essai pouvoit produire cet effet sur quelques-uns de mes Lecteurs, & les encourager à suivre les routes que je n'ai fait qu'indiquer. Ce seroit leur procurer de nouveaux plaisirs, plus honnêtes sans doute que beaucoup d'autres, & peut-être aussi amusants. C'est dans cette vûe, que j'ai feint dans mon Ouvrage des promenades, & des conversations avec un ami sensible & homme d'esprit : c'est un éxemple que je donne ; on peut le suivre, il ne peut qu'intéresser, flatter l'amour propre, & être de quelque utilité.

Je n'en dirai pas d'avantage à ce sujet. Quelques amis m'ont souvent répété, que quelquefois je parlois trop peu, & d'autrefois trop longuement fur ces matières. A l'égard du premier reproche, je crois ne devoir pas m'en juftifier : mais ne pourrois-je pas répondre au fecond, que l'on eft aifément prolixe quand on parle de ce qu'on aime, & qu'il eft bien rare de ne pas ennuier ceux qui n'ont pas les mêmes inclinations que nous.

Si, entre les Artiftes qui verront cette ébauche, quelques-uns d'eux penfent que j'ai eu tort d'écrire fur des Arts que je n'ai point pratiqués ; * (outre qu'heureufement je ne fuis pas le feul) je puis leur répondre, qu'ils feroient fort à plaindre, s'il n'étoit permis qu'à leurs Confrères de s'y

---

* Nous avons fur ces matières plufieurs excellens Ouvrages : leurs Auteurs n'étoient point Artiftes.

AVERTISSEMENT.

connoître & d'en parler : souvent leurs Ouvrages ne seroient peut-être pas assez loués à leur gré. Ceux qui courent la même carrière sont presque toujours rivaux, & souvent rivaux jaloux. Je ne suis pas dans le cas, & j'ai toujours fait un de mes plus chers plaisirs de voir, d'admirer, de louer les Ouvrages & les talens de ceux d'entre nos plus célébres Artistes que j'ai eu l'avantage de connoître.

On pourra peut-être dire encore, après la lecture de cet Essai, qu'on n'y trouve rien de neuf, & qui même n'ait été imprimé plusieurs fois ; j'en conviendrai sans peine : mais, outre que les mêmes matières y paroissent sous un autre forme, mon Ecrit a du moins le petit mérite de rassembler bien des choses éparses ailleurs. Par-là

vj AVERTISSEMENT.

j'épargne la peine de les chercher où elles sont. Du reste, je n'ai pas prétendu écrire pour ceux qui sont déja *connoisseurs*, mais pour ceux qui veulent le devenir.

Fungar vice cotis, acutum
Reddere quæ ferrum valet, exsors ipsa secandi.
HORAT. *Art. Poët.*

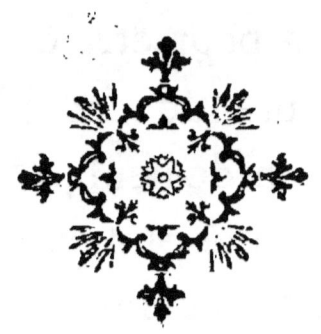

ESSAI
SUR
LA PEINTURE,
LA SCULPTURE,
ET
L'ARCHITECTURE.

La Peinture.

J'ENTENS tous les jours dire dans le Monde, même à des gens d'esprit, qu'ils ne se connoissent point en Peinture : j'avoue que ce discours souvent répété m'a souvent impatienté. Ceux qui tiennent ce langage sont de plusieurs espéces. Les uns l'affectent par je ne sçais quel orgueil secret, fort mal-entendu sans doute, & comme pour se vanter de leur ignorance; & voici ce que cela signifie (ils n'osent le dire, mais c'est comme s'ils le disoient) *Je suis un homme d'esprit, qui ne me suis jamais amusé de ces bagatelles, je me suis occupé de choses plus importantes.* D'autres, encore plus ridicules, disent à peu près la même chose, mais voici ce qu'ils veulent faire entendre : *Je suis un homme de plaisir, un homme élégant, un voluptueux, un homme à bonne fortune, trop aimable, trop recherché pour avoir eu le loisir de penser à ce qu'on appelle* Beaux Arts, Sciences *& autres misères ennuieuses à périr pour gens de mon espéce.* D'autres plus estimables, qui n'ont que du bon Sens, & à qui des circonstances, ou des occupations forcées ont enlevé la meilleure partie de leur tems, avouent de bonne foi, que ne s'étant jamais appliqués aux choses de goût, ils n'en ont aucune connoissance. C'est à ces gens que je voudrois parler, & je les en crois dignes. Voici à peu près ce que je pourrois leur dire : Vous êtes hommes de bon Sens & de bon esprit, il ne vous manque qu'un peu de réflexion & d'application, pour devenir ce qu'on appelle *Connoisseur* : & pour gagner du tems, j'irois tout d'un coup aux éxemples. Quand vous regardez un Tableau, leur dirois-je, ne faites pas comme ceux qui ont des yeux & qui ne voient rien, qui regardent sans rien appercevoir. Si c'est un Tableau d'Histoire, éxaminez si le Peintre a bien rendu l'action qu'il a voulu repréfenter. Ceci demande quelque explication, la voici : Quand le Tableau repréfente un événement triste, si l'attitude, si l'expreffion répandue fur les vifages des Figures qui entrent dans fa composition, annonce de la tristesse ; si vous en ressentez vous-même en le regardant, soiez sûr que ce Tableau a déja un des principaux mérites que ces sortes d'ouvrages doivent avoir. Si c'est un sujet gai, & qu'il excite en vous un sentiment de gaieté, portez-en le même jugement : il en est ainsi de tous les autres genres. Si c'est un Païsage, vous avez été à la Campagne, ajouterois-je, vous vous y êtes promené ; il n'est pas que vous n'aiez rencontré quelquefois des endroits qui vous aient paru agréables, où vous vous soiez arrêté quelques momens avec plaisir, & où même vous aiez desiré d'avoir une habitation que la solitude, l'air champêtre, le coup d'œil de la Nature rendroient aimable. Si le Tableau vous rappelle ces idées, prononcez hardiment ; voilà un beau Tableau. Il en est de même de ceux qui représentent les Saisons, les Marines, les Naufrages, les

Déserts : en un mot, tous ceux qui rendent la Nature comme vous l'avez vûe, & comme elle est, font de bons Tableaux en ce genre.

Pour les Portraits, tout le monde peut se connoître à la ressemblance, hors quelques esprits bourrus, qui pour faire les grands connoisseurs, affectent de ne pas trouver ressemblans ceux qui le sont le plus. A l'égard des accompagnemens d'un Portrait, comme les draperies, les attitudes, la couleur, la touche ; ce sont des choses qui demandent un peu plus de réflexion & de connoissance, mais qui ne sont pas si difficiles à acquérir que la plupart des gens se l'imaginent. Revenons aux Tableaux d'Histoire dont je me suis trop écarté, & trop tôt.

Quel est l'homme d'esprit, pour peu qu'il soit sensible, qui ne se sente extrèmement affecté, quand il voudra regarder avec attention le beau Tableau où feu

M. *Antoine Coypel* *, premier Peintre du Roi, a repréſenté le Sacrifice de Jephté? Qui n'éprouvera les mêmes ſentimens à la vûe du Sacrifice d'Iphigénie peint par M. *Charles Coypel*, digne fils du précédent, & qui remplit ſi bien aujourd'hui la même place **? Ce ſont à peu près les mêmes ſujets ; mais quelle variété dans la compoſition, dans les attitudes, & dans les expreſſions! Que d'eſprit, que de nobleſſe, que de fineſſe & d'élégance! Ceux qui ne feront pas touchés vivement à la vûe de ces chefs-d'œuvre, ſont des gens qu'il faut laiſſer là, ſans leur parler de ces ſortes de choſes : on ne parviendroit jamais à leur en faire ſentir les beautés.

Je pourrois citer pluſieurs autres ou-

---

* *Antoine Coypel*, né à Paris en 1666. mort en 1722. fils de *Noël Coypel*, né en 1628. à Paris, mort en 1707. frere de *Noël Nicolas Coypel*, né à Paris en 1692. & mort en 1737. & pere de *Charles Coypel*, aujourd'hui vivant. (1751)
** Le Sacrifice de Jephté, par *Antoine Coypel*, a été gravé par *Duchange*, excellent Graveur de l'Académie. Celui d'Iphigénie, par M. *Charles Coypel*, n'a pas été gravé & mériteroit bien de l'être.

vrages de ces deux habiles Maîtres, fur lesquels il n'y auroit que les mêmes éloges à répéter. Le précepte d'Horace,

> Si vis me flere, dolendum est
> Primùm ipsi tibi, *Art. Poët.*

peut être appliqué aux Peintres, aux Poëtes, aux Auteurs de Piéces de Théâtre, aux Acteurs qui les jouent, & aux Orateurs : mais pour le bien fentir, & pour l'obferver dans toute fon étendue, il faut poffeder les qualités réunies dans les deux hommes de mérite dont je viens de parler. Heureufement nous avons aujourd'hui dans nos différentes Académies, plufieurs hommes de ce genre : profitons-en, emploions-les, & fentons les belles chofes qu'ils font capables de produire.

Ce que je vais raconter, prouvera en partie ce que j'ofe avancer ici, & fervira à mener au but que je me fuis propofé, & que je propofe aux autres.

J'étois un jour dans les grands appartemens du Château de Versailles avec un ami, homme de beaucoup d'esprit, qui devoit tout à la Nature, & à qui différentes occupations n'avoient pas laissé le tems de s'appliquer à ce qui regarde les Sciences & les beaux Arts. Je lui avois toujours connu assez de sensibilité & de finesse dans l'esprit, pour m'être persuadé, qu'il eût pénétré plus que personne dans ce qu'on appelle les mystères de l'Art, si son genre de vie lui avoit permis de s'y appliquer. Je voulus me procurer le plaisir d'essaier, si je ne pourrois pas parvenir à lui en donner quelques idées. Nous avions du loisir, l'absence de la Cour nous laissoit presque en solitude, il faisoit le plus beau tems du monde, le jour étoit clair & serein. Je m'arrêtai à dessein devant le magnifique Tableau de la famille de Darius par M. *Le Brun* *, & voici à

---

* Charles *Le Brun*, né à Paris en 1619, mort en 1690.

peu près ce que je dis à cet ami que je voulois mettre en voie de s'inftruire.

Regardez, je vous prie, avec attention ce Tableau : il y a long-tems que vous le connoiffez, mais obligé de paffer ici rapidement pour aller vacquer à vos affaires, peut-être ne vous y êtes-vous jamais arrêté affés long-tems pour le bien éxaminer, & pour en fentir toutes les beautés. Arrêtons-nous-y, puifque nous en avons le tems, & je fuis perfuadé que vous n'y aurez pas regret. Il repréfente, comme vous voiez, le moment où Alexandre, après avoir mis en fuite Darius & fon armée, entre dans la tente où la famille de ce malheureux Prince s'étoit retirée.

Remarquez, que la premiere Figure qui attire les regards, eft celle d'Alexandre. Cela devoit être ainfi, puifque ce Prince eft le principal perfonnage de cette Scène intéreffante : il fe diftingue encore par la beauté de son visage, & par la magnificence de son armure; on voit tout d'un coup qu'il est le Héros de la piéce: l'air de son visage n'est point celui d'un Héros sanguinaire, échauffé par l'ardeur du combat; c'est celui d'un Prince débonnaire, & rempli d'humanité. Il ne vient point, en vainqueur impitoiable, triompher de ses ennemis & de ses captifs; il vient rassurer des Princesses affligées que le sort des armes a fait tomber entre ses mains, il vient les consoler.

Il s'appuie légérement sur le bras d'Ephestion son favori, & un de ses principaux Capitaines. Quoi qu'Ephestion soit jeune & noblement armé, sa Phisionomie est moins distinguée que celle d'Alexandre; on sent tout d'un coup, que le favori n'est là qu'en second. Voiez cette Femme âgée, prosternée aux pieds d'Alexandre, & qui les lui embrasse; c'est Sizygambis, mere de Darius: remarquez la Femme à genoux

genoux qui est derrière cette mère infortunée : la noblesse de son visage, son diadême, & un jeune Enfant qu'elle présente à son vainqueur, font connoître que c'est la Femme du malheureux Roi de Perse. Cet Enfant, d'un âge trop peu avancé pour sentir son malheur, regarde Alexandre avec la surprise que lui cause la vûe de ce Héros qu'il ne connoît point. Deux des Filles de Darius sont aussi à genoux, comme vous voiez, derrière leur mere : l'aînée, en âge de sentir son infortune, a les yeux baissés, elle pleure, elle essuie ses larmes. La plus jeune, derrière son aînée, joint les mains comme pour demander grace, & regarde Alexandre avec un air de surprise & d'émotion ; on croit même y démêler une espéce d'admiration dont elle ne sent pas les conséquences. On croiroit volontiers, qu'elle est plus occupée de la belle Figure du Héros qu'elle regarde, que de

B

l'événement présent. Une Femme âgée qui est derrière elle, semble vouloir la détourner de cette application, en lui montrant Sizygambis prosternée, & dans l'état de la plus profonde humiliation. On voit sur le visage de cette Princesse un air de noblesse qui y conserve encore quelques restes de beauté, malgré la décrépitude de l'âge. Enfin tous les visages, toutes les attitudes des Personnes représentées dans ce magnifique Tableau, ont les expressions convenables à leur âge, à leur situation, & à leurs conditions. On y remarque de la surprise, de la curiosité, de l'étonnement, de la douleur, du respect, de l'admiration. Les uns prient, les autres implorent; leurs habillemens même, indiquent la différence de leur état. Voiez dans ce coin, derrière ces Princesses, un Esclave prosterné la face contre terre : accoutumé à l'humiliation de l'esclavage, il se cache le visage, il a les mains jointes par-dessus sa tête, il n'ose lever les yeux sur ses Maîtres. Cette héroïque Scène se passe sous une Tente magnifique, dont le fond tient presque celui du Tableau : elle est suspendue à des arbres de la nature de ceux du Païs où elle est (attention que tous les Peintres n'ont pas toujours eue). On y voit des Armes à l'usage des Perses, différentes de celles des Grecs. En un mot tout, dans ce Tableau, décéle l'esprit du grand Peintre qui l'a composé : il a observé les coutumes des lieux dans les habillemens, & dans tout ce que les Italiens appellent *il costume*, mot auquel nous n'avons point encore trouvé d'équivalent. *

Après cet éxamen que j'abrégeai le plus qu'il me fut possible, car j'aurois eu encore bien des choses à dire en faveur

---

* Ce Tableau a été parfaitement gravé, 1°. par *Edelinck* ; 2°. dans une forme plus petite par *Benoît Audran* ; 3°. en très-petit par *Sébastien Leclerc*, tous excellens Graveurs.

de ce beau morceau, j'eus le plaisir de voir mon ami sentir & goûter tout le mérite de cet ouvrage. Si vous voulez, lui dis-je, nous irons éxaminer de même le Tableau de *Paul Véronèse*, qui est vis-à-vis celui que vous venez de voir avec tant de plaisir. J'espère que vous ne trouverez pas notre tems mal emploïé. Trèsvolontiers, me répondit-il, les momens que nous venons de passer avec M. Le Brun, m'ont paru courts, & agréablement remplis. Je crois, lui répliquai-je, que son voisin ne vous amusera pas moins. Le terme *de voisin* me rappella le mot d'un Prélat Italien, Nonce en France, homme d'esprit & de goût, mais peutêtre un peu trop prévenu pour les ouvrages de son Païs, & peut-être aussi rendant trop peu de justice à ceux du nôtre : ce Nonce étoit M. *Delfini*. Louis XIV. voulant lui donner une idée avantageuse de l'*Ecole Françoise*, le conduisit à l'Appartement où sont les Tableaux de la Famille de Darius, & des Pélerins d'Emmaüs. Interrogé par ce Monarque, auquel des deux il donnoit la préférence, par ménagement pour M. *Le Brun* qui étoit présent, & que tous les Courtisans combloient d'éloges, il répondit; *bella pittura, mà ha cattivo vicino;* » Voilà un » beau Tableau, mais il a un méchant » voisin, « montrant le Tableau des Pélerins d'Emmaüs. On sent que le Prélat vouloit donner, par ce mot, la préférence au Peintre Italien sur le François : mais, en retournant les objets, n'auroit-on pas pû dire, avec autant de vérité, que le Tableau de la Famille de Darius étoit un dangereux voisin pour celui des Pélerins d'Emmaüs ? Voions, sans partialité, ce qu'on en doit penser.

Ce Tableau de *Paul Véronèse*[*], Pein-

---

[*] Son nom étoit *Paul Caliari*, on l'appella *Véronèse*, à cause de Vérone sa patrie. Il mourut en 1588. âgé de 58. ans. Son Tableau des Pélerins d'Emmaüs, a été bien gravé par *Thomassin*.

tre Vénitien, repréfente, comme vous voiez, Jefus-Chrift à table avec les Pélerins d'Emmaüs. Le Sauveur eft au milieu d'eux, & au milieu du Tableau; les deux Pélerins font affis, un à chaque bout de la table : tous les autres Perfonnages font debout, & en grand nombre. Selon toutes les apparences, celui qui a fait faire ce Tableau, s'y eft fait repréfenter avec toute fa Famille, & une partie de fes domeftiques. On croit que la plupart des têtes font des Portraits, ce qui eft peut-être caufe qu'on y trouve peu d'expreffion. Vous voiez dans un des coins de ce Tableau, un Homme debout, & auprès de lui une Femme qui porte dans fes bras un Enfant nud ; quelques perfonnes croient que c'eft *Paul Véronèfe* lui-même, avec fa Femme. Peut-être que le Perfonnage qui eft debout, derrière un des Pélerins, eft le Noble Vénitien pour lequel *Paul Véronèfe* a peint ce Tableau.

Tous les habillemens font comme on les portoit à Venife dans ce tems-là, à l'exception de ceux du Chrift, & des deux Pélerins, qui font drapés de fantaifie & de grande manière, pour parler les termes de l'art.

Remarquez ces deux Enfans que voilà fur le devant, & dans le milieu du Tableau au bas de la Table : ils badinent avec un grand Chien, qui tranquillement les laiffe faire : en cela le Peintre a imité la Nature. Ce petit Groupe eft d'une grande beauté ; les deux Enfans ont, comme vous voiez, de beaux vifages qui repréfentent à merveille la douceur & la candeur de ce premier âge ; leurs habits font magnifiques & d'étoffes fort riches. Près de ceux-ci, eft un autre Enfant ; vous le voiez un genou en terre, il tient entre fes bras un petit Chien, il paroît fe jouer avec lui ; mais paffons à des chofes plus intéreffantes.

Vous serez sans doute sensible à l'air de tête du Christ : il regarde le Ciel, & a la bouche entr'ouverte, sans doute pour prier. Vous trouverez dans cette tête de la majesté, de la douceur, de la bonté, de la noblesse, &, pour ainsi dire, de la Divinité. Vous sentirez tout d'un coup, que ce visage est celui d'un homme d'un ordre bien supérieur à tous ceux qui sont représentés dans ce Tableau. Le Christ éléve sa main droite, les doits étendus, & paroît bénir le Pain qu'il tient dans sa main gauche, laquelle est appuiée sur la Table. Le Peintre a voulu représenter le moment de la Consécration du Pain, & il s'en est bien tiré. Généralement parlant, toutes les têtes de ce Tableau sont belles, bien peintes, & de bonne couleur : quelques-unes ont de l'expression, le plus grand nombre n'en a point : une des plus caractérisées, est celle d'un des deux Pélerins, il regarde le Christ avec respect & vénération : il marque par la position de ses bras & de ses mains, qu'il est sensiblement affecté de ce qu'il voit : il paroît pénétrer une partie du Mistère qui s'opere à ses yeux. Tout le fond du Tableau, comme vous voiez, représente une magnifique Architecture, peut-être peu convenable au lieu où se passe la Scène. *Paul Véronèse* excelloit à ces sortes de fonds, il a eu de la complaisance pour lui-même, & n'a pas eu le courage de se restraindre à une décoration plus simple, qui par-là eût mieux convenu à l'endroit qu'il devoit représenter. Mais peut-être aurions-nous tort de nous en prendre au Peintre de tous ces petits défauts de convenance : sans doute nous lui rendrions plus de justice, en pensant que le Noble Vénitien qui lui a demandé ce Tableau, ignorant apparemment les convenances, a voulu obstinément qu'il représentât une partie de son Palais, de sa Salle à manger, de son beau Buffet. Il l'a obligé de mettre dans ce Tableau, sa Femme, ses Enfans, ses Chiens, ses Domestiques, & même jusqu'à ses Négres & son Cuisinier. Plaignons les Peintres, quand ils sont forcés de prêter leur main & leur pinceau à de pareils caprices. Si *Paul Véronèse* n'étoit tombé que cette fois dans le défaut que nous relevons ici, nous aurions tort de nous en prendre à lui : mais cela lui est arrivé très-souvent, peut-être aussi par les mêmes raisons. Ainsi excusons-le dans ses écarts, & admirons-le dans ce qu'il a fait de beau. D'autres Peintres anciens, fort habiles, ont pris quelquefois de plus grandes licences. En représentant, par exemple, une Sainte Famille, ils y ont introduit des Saints qui n'y furent jamais, des Portraits d'Hommes & de Femmes en fraise & en colerette, des Moines même. Ceux qui ont fait faire ces Tableaux, l'ont voulu ainſi : ils étoient charmés d'y retrouver leur Famille, leurs Patrons, leurs Confeſſeurs.

Après ce que nous venons de dire, vous pouvez, en quelque forte, faire la comparaiſon de ces deux Tableaux, & fentir lequel l'emporte fur fon Rival; mais un détail éxaƈt nous meneroit trop loin. Contentons-nous de dire, qu'on voit dans celui de M. *Le Brun* la compoſition, l'ordonnance, le deſſein, l'expreſſion, le *coſtume*, & les bienféances ; le tout porté à la plus grande perfeƈtion. Dans celui de *Paul Véronèſe*, la plus belle couleur, la plus belle pâte, la touche la plus large, la plus ferme, & le pinceau le plus moëlleux & le plus léger. Je ne prétends pas dire par-là, que M. *Le Brun* manque de ces parties ; car outre que ſon Tableau de la Famille de Darius eſt très-bien peint, d'une manière facile & légère, quel Peintre a mieux réuſſi, que ce grand Maître, dans la partie du coloris, quand il a voulu, ou pû y apporter tous ſes ſoins? J'en pourrois citer bien des éxemples capables de ramener ceux qui ne lui rendent pas aſſez de juſtice en ce point. Je nommerois entr'autres ſon Tableau du Maſſacre des Innocens, qui eſt au Palais Royal : il ſe ſoutient, pour le coloris, auprès des Tableaux d'Italie qui paſſent pour des modéles en ce genre de perfection ; & il leur eſt ſupérieur à bien d'autres égards. Je n'oublierois pas certains morceaux de la Gallerie de Verſailles qu'il a peints lui-même, ſon Tableau de la Vierge au ſilence, & tant d'autres excellentes Pièces.

Mais quand on fera réflexion, que M. *Le Brun* étoit premier Peintre du Roi, & chargé ſeul de tous les ouvrages que Louis XIV. jeune & magnifique, & qui vouloit jouir, lui ordonnoit d'éxécuter ; qu'il donnoit les deſſeins de tout ce qui se faisoit dans les Maisons Royales, comme Plafonds, Tableaux, Statues, Vases, Tapisseries, enfin jusqu'aux ouvrages de Serrurerie, on ne sera pas étonné, que tout ce qui sortoit de sa main ne fût pas également soigné; on le sera plutôt, qu'un seul homme ait pû suffire à tant d'entreprises d'une nature si différente.

Il avoit de bons Eléves, formés sur ses leçons & ses exemples ; éducation qui lui avoit pris beaucoup de tems : il faisoit tous les desseins lui-même, ils éxécutoient ensuite ; & quand il en avoit le loisir, il retouchoit de sa main les endroits qui lui paroissoient mériter plus d'attention; ce que des yeux connoisseurs distinguent aisément, & que de moins éclairés confondent. Ainsi pour terminer l'espéce de comparaison que nous venons de faire de M. *Le Brun* & de *Paul Véronèse*, du Tableau de la Famille de Darius, & de celui des Pelerins d'Emmaüs, convenons, si vous voulez; que l'un a des parties que l'autre n'a pas, & que l'autre en posséde quelques-unes dont son voisin manque; ou, pour mieux dire, affirmons que ce sont deux des plus beaux Tableaux qu'on puisse voir, & que leurs Auteurs furent deux des plus grands Peintres qui aient jamais existé.

Au reste (& cette observation est tout à fait nécessaire ici) quand on regarde un ancien Tableau, il faut faire attention au tems qu'il y a qu'il est peint, & aux accidens qui peuvent lui être arrivés. Il peut avoir souffert de l'humidité, de la sécheresse, de la fumée. On a voulu le nettoier, on s'y est mal pris, on l'a écuré: on a peut-être emporté de la couleur, on a repeint par dessus; ces nouvelles teintes ont noirci & fait des taches: on a peut-être verni ce Tableau plusieurs fois, & avec de mauvais vernis qui ont jauni, & altéré la couleur originale. Que de raisons pour que ce Tableau soit fort différent de ce qu'il étoit au sortir de la main du Peintre ! Il faut se transporter, pour ainsi dire, au tems où il a été peint, & le juger en conséquence.

On doit penser que les Tableaux *du Corrége, du Titien, de Paul Véronèse, du Tintoret, de Rubens,* & *de Vandyck* étoient de la plus belle couleur en sortant de leurs mains. Les Tableaux de *Paul Véronèse* sont même dans un cas particulier. Ce grand Peintre faisoit la faute de ne point employer d'outremer dans ses Ciels : il se servoit de cendre bleue, cette couleur a noirci, ce que n'auroit pas fait l'outremer, & ses Ciels sont devenus tout noirs ; il n'est presque pas possible de les raccommoder, du moins cela est très-difficile.

A l'égard des Tableaux modernes, le tems à part, ils ont pû être exposés aux mêmes inconvéniens que les anciens, sur-tout ceux qui ont été copiés en Tapisseries, comme la Famille de Darius, les Batailles d'Alexandre du même M. *Le Brun*, & bien d'autres. Pour les transporter & les copier, on les roule & les déroule sans cesse. Quand la copie est achevée, on les roule encore tout à fait, & on les laisse quelquefois longtems dans les Atteliers souvent humides ; tout cela les altère beaucoup : c'est ce qui est arrivé sur-tout aux Batailles d'Alexandre.*

Vous voiez, ajoutai-je en continuant d'adresser la parole à mon ami, vous voiez que jusqu'ici je ne suis point entré dans les détails, ils sont immenses. Je

* Quelles obligations n'aurons-nous pas à M. *de Tournehem* & à M. *Coypel* ! C'est par leurs soins, & sous leurs yeux, qu'on a commencé à nettoier & restaurer les Tableaux du Roi. Cette opération se continue avec constance, & dans quelque tems on pourra avoir la satisfaction de voir toutes ces richesses inestimables dans le meilleur état. On devra à ces excellens Citoiens la conservation de tant de précieux monumens, qui sans cela étoient prêts à périr. On en voit déja d'heureux effets à Paris, au Palais du Luxembourg, & à Versailles à l'Hôtel de la Surintendance des Bâtimens du Roi. Les Tableaux de Paris sont confiés à la garde de M. *Bailly*, ceux de Versailles à celle de M. *Portail* ; tous deux très-dignes de cet honorable emploi.

n'ai

n'ai point traité, par exemple, la façon de diftinguer un bon Original d'avec une bonne Copie. Les plus habiles connoiſſeurs s'y trompent ſouvent ; il eſt même arrivé à des Peintres de s'y méprendre ſur leurs propres ouvrages. En effet, quand ils ont répété le même Tableau, ne ſont-ce pas deux Originaux ? il n'eſt cependant pas impoſſible d'y trouver quelque différence. Le premier fait a preſque toujours un certain feu que le ſecond peut ne pas avoir.

Quand un bon Peintre a fait copier ſon Tableau par ſon meilleur Eléve, & qu'il l'a retouché partout, c'eſt ſon propre ouvrage ; comment le diſtinguer ? à moins qu'il n'ait eu l'attention d'y mettre des différences : ce qui eſt arrivé quelquefois. On doit donc être très-réſervé à prononcer ſur cela : pour le faire avec ſûreté, il faut bien examiner, bien comparer, & avoir une grande expérience.

* C

Quelques Eléves ont si bien imité leurs Maîtres, qu'il est mal-aisé de ne s'y pas tromper. Il y a eu d'habiles Peintres qui se sont si fort appliqués à prendre la maniére de quelques autres, qu'ils ont souvent fait illusion. Cela est arrivé à *Luc Jordan* Napolitain, Eléve de l'*Espagnolet*; à *David Téniers* Flamand ; & parmi les plus modernes, MM. de *Boulogne* ont été d'excellens imitateurs : ces sortes de Tableaux s'appellent des *Pastiches*.

A l'égard de la facilité à connoître dequel Peintre est un Tableau, on ne peut se la procurer qu'à force de voir des ouvrages du même Maître. C'est la plus petite partie de ce qu'on appelle *connoissance* en Peinture, & la plus aisée à acquérir.

Mon ami parut content de toutes ces observations, & nous nous séparâmes. Le lendemain nous nous rejoignîmes l'après-midi, & nous eûmes une conversation qui roula sur une autre matière. Je vais en rendre compte, elle fait partie de mon objet.

La Sculpture.

NOus entrâmes, mon ami & moi, dans le Jardin de Versailles : nous en admirâmes l'étendue, l'arrangement, la distribution, la magnificence. Nos yeux étoient sur-tout frappés de la prodigieuse quantité de Statues qui décorent ces lieux enchantés : mais à la fin, nous sentîmes une espèce de satiété, causée par la multitude de ces sortes d'ouvrages ; & peut-être fûmes-nous tentés de souhaiter qu'il y en eût moins.

Effectivement, dis-je à mon ami, on a prodigué ici les Statues, & il est impossible qu'elles soient toutes également belles. Cependant il s'y trouve des Chef-d'œuvres, & nous en remarquerons quelques-uns, si vous voulez que nous parlions de Sculpture, à peu près comme nous nous occupions hier de Tableaux. Très-volontiers, me répondit-il, d'un ton qui marquoit son defir & fon empreffement.

J'étois parvenu la veille à lui faire fentir une partie des beautés qu'un Tableau doit avoir pour plaire ; j'efpérai le même fuccès par rapport aux ouvrages de Sculpture, & je ne fus pas trompé dans mon attente : j'avois affaire à un homme fenfible & fans prévention. Pour aller à mon but, je le conduifis au bas du grand Fer-à-Cheval à main droite, & je l'arrêtai vis-à-vis le Ganyméde debout, qui s'appuie fur l'Aigle de Jupiter, ou fur Jupiter lui-même métamorphofé en Aigle. Mon ami a beaucoup lû & avec goût ; ainfi je n'eus befoin de lui parler que de ce qui concouroit à mon objet.

Regardez, lui dis-je, cette Statue : c'eft une Copie faite d'après une Antique, par un Sculpteur moderne, nommé *Laviron*.

Dites-moi, je vous prie, comment la trouvez-vous ? comment en êtes-vous affecté ? Je la trouve belle, me répondit-il, elle repréfente bien un jeune Homme qui a beaucoup de fraîcheur & d'embonpoint; il a un beau vifage, & l'Aigle me paroît bien placé. Bon, dis-je en moi-même, mon ami commence à démêler ce qu'il y a de remarquable dans cette Figure. Avançons, j'efpere étendre fes connoiffances par la comparaifon. Venez, lui ajoutai-je, avec moi dans ce Bofquet affez détourné, & peut-être trop peu connu.

Nous y trouvâmes une autre Statue du même Ganyméde *, mais d'une éxécution bien différente. Laquelle de ces deux Figures, lui dis-je, prendriez-vous, fi on vous en laiffoit le choix ? Il la regarda avec beaucoup d'attention, il l'éxamina de tous les côtés, & il demeura

* Copiée par *Joly*.

quelque tems sans parler. Je voiois avec plaisir qu'il comparoit en lui-même ces deux différens morceaux, & j'espérois beaucoup du succès de ma conduite avec lui. Enfin, après quelques momens de réfléxion, il n'y a pas à balancer, me dit-il, je choisirois celle-ci : elle est tout autrement élégante que la première qui nous a occupés. Ici, je crois voir un jeune Prince, un jeune Héros; & l'autre ne me donne l'idée que d'un beau Païsan à la fleur de son âge. Eh bien! lui répliquai-je, vous vous connoissez en Sculpture sans le sçavoir. Je répétai avec lui la même comparaison, à l'égard des deux Statues de la Venus, qu'on appelle de *Médicis*; & il ne s'y trompa pas. Vous êtes, repris-je aussi-tôt, déja en état de sentir les beautés des ouvrages de Sculpture que je vais vous montrer.

Je le conduisis devant l'Androméde *du Puget*. Ce beau Groupe, lui dis-je,

(on entend par ce mot un assemblage de plusieurs Figures) est une Pièce originale : vous connoîtrez bien-tôt la supériorité de ce qui est Original sur ce qui n'est que Copie. *Puget* étoit un Sculpteur moderne né à Marseille *. Il n'a pas fait un très-grand nombre d'ouvrages, mais ce qu'il en a fait, le disputeroit peut-être à tout ce que nous avons de la meilleure Antiquité. Remarquez comment ce morceau est élégamment composé & éxécuté; c'est un Rocher qui paroît vrai comme le naturel. Avec quelle grace Andromède y est attachée ! Son corps est bien celui d'une jeune personne, délicate, dans la fleur de la première jeunesse. Quel air de douceur, de modestie, & de tristesse est répandu sur son visage ! Quelle mollesse & quelle souplesse dans toutes les parties de son beau corps ! Elle paroît n'avoir pas encore toute la grandeur

* En 1623. & mort dans la même Ville en 1695.

qu'elle pourra avoir dans un âge plus avancé, ce qui eſt peut-être cauſe que quelques perſonnes ont trouvé que ſa Figure étoit trop petite ; ſans doute par comparaiſon avec celle de Perſée, qui la détache du Rocher où elle eſt enchaînée. Mais ne pourroit-on pas dire que Perſée eſt dans la force de ſon âge, & qu'il a acquis toute ſa grandeur ?

D'ailleurs, qu'on faſſe réfléxion que c'eſt un Héros, le Fils d'un Dieu puiſ-ſant ; qu'il fait effort pour atteindre d'une main à la cime de la Roche au bas de laquelle il eſt poſé ; & je crois qu'on ne le trouvera plus trop grand : peut-être même penſera-t'on que c'eſt un trait d'eſ-prit de la part du Sculpteur. Il a voulu, pourra-t-on dire, faire ſentir la différence qu'il peut y avoir entre la taille d'un demi-Dieu, & celle d'une jeune Mortelle qui n'a pas encore toute ſa croiſſance. Interprétons ainſi les idées des grands

Hommes, & croions qu'ils ont voulu mettre dans leurs ouvrages ce qu'ils nous inspirent, quand nous les regardons avec attention : nous ferons par-là honneur à leur esprit, au nôtre même, & à nos jugemens.

Observons encore, que quoique le Sculpteur ait représenté une Femme nue, il a prudemment disposé sa Figure de la façon la plus modeste qu'il lui a été possible : elle se cache autant qu'elle peut : elle rassemble son corps autant que ses chaînes le lui permettent : elle ne regarde point son libérateur. On croit voir sur son visage la honte qu'elle éprouve en paroissant ainsi aux yeux d'un homme qu'elle ne connoît point. Persée de son côté ne la regarde pas, ses yeux sont fixés vers la pointe du Rocher ; il n'est occupé qu'à décrocher le bout de la chaîne qui est attachée au sommet : il eût causé trop de confusion à Androméde, si ses regards se fuſſent arrêtés ſur elle. Quelle décence, & que d'eſprit le Sculpteur habile n'a-t'il pas répandu dans toute cette grande compoſition ?

Nous pouvons faire la même remarque à l'égard de la Venus de Médicis, c'eſt la Figure d'une Femme nue : cependant d'une main elle couvre ce que la pudeur ne doit jamais permettre de montrer, & de l'autre elle cache une partie de ſon ſein ; elle a la tête panchée ſur le côté ; elle ſe courbe tant ſoit peu ; enfin elle a un air de modeſtie ſi marqué dans toute ſa Figure & dans ſon attitude, qu'on l'a appellée la *Venus pudique.* Cette Statue eſt Grecque, & c'eſt un des plus beaux morceaux qui nous reſtent de la ſçavante Antiquité. Qu'elle nous ſerve d'objet de comparaiſon pour juger les autres : on croit remarquer que le *Puget* a donné à ſon Androméde les mêmes proportions qu'on admire dans la Venus. Revenons à l'Androméde.

Regardez l'Enfant qui est au bas du Rocher, & qui tire à lui, avec effort, un des bouts de la chaîne dont est liée Androméde. Vous pouvez remarquer la vivacité de son action, comme il est potelé, & sa belle chair. C'est un Génie bienfaisant, ou c'est l'Amour; enfin c'est la Nature dans tout son plus beau. Rien n'est négligé dans ce Groupe : tous les Accessoires y sont traités supérieurement; Armes, Draperies, enfin tout. Le Sculpteur y a mis son nom, & l'année où il l'a fini. Il l'a dédié à Louis XIV. pour lequel il l'a fait, ainsi que la Figure de Milon le Crotoniate que vous voiez ici près.

Ce fameux Athléte Grec fut dévoré par un Lion, tandis qu'une de ses mains restoit engagée dans un tronc d'Arbre qu'il avoit voulu séparer, & dont les deux parties s'étoient rapprochées, avant que Milon pût retirer sa main. Quelle expression dans la tête de cet Homme prodigieux en force ! Voiez sur son visage la douleur extrême que lui cause la morsure du Lion ; on s'imagine l'entendre crier d'une voix effraiante, & plus forte que celle des hommes ordinaires. Tout son corps qui est d'une taille gigantesque, (les Historiens disent qu'il l'avoit ainsi) exprime merveilleusement les prodigieux efforts qu'il fait pour se dégager. Toutes ses parties son extrêmement tendues, & se roidissent violemment ; tout y exprime ses efforts : on les remarque dans ses muscles, dans ses nerfs, jusques dans les doigts de ses pieds, sur lesquels il s'appuie fortement. Mon ami fut infiniment attentif à ce qu'il voioit, & il en sentit toute l'expression.

Malheureusement, lui dis-je, nous n'avons ici que ces deux beaux morceaux du même Sculpteur ; en voici la raison. M. *Le Brun* qui, dans ce tems-là, donnoit tous les desseins des Statues que l'on exécutoit pour le Roi, voulut assujettir *Le Puget* à ne travailler que d'après les idées qu'il lui fourniroit. Il avoit trouvé cette soumission dans plusieurs autres habiles Maîtres : mais *Le Puget* ne voulut jamais captiver ainsi ses talens, & il retourna dans son Païs. Nous le perdîmes : tâchons de nous en consoler, en admirant ses ouvrages, & en leur paiant le tribut de louanges qu'ils méritent à tant d'égards.

Si je ne craignois de prolonger les idées tristes que peut vous avoir donné la douleur du Milon, je vous ferois remarquer la Figure du Gladiateur mourant, que voici tout auprès. C'est une belle Copie, faite par *Michel Monier*, d'une très-belle Statue antique qui est à Rome. Ne croiez-vous pas voir un Homme expirant ? Il vient de recevoir une blessure profonde ; il est à demi couché sur l'Arène où il a combattu ; il se soutient à peine ; une mortelle langueur s'empare de tous ſes Sens. Il eſt vrai, me dit mon ami, que ce ſpectacle eſt touchant : éloignons-nous-en, il me fait trop d'impreſſion.

Voiez donc, lui repliquai-je, pour vous en diſtraire, cette Figure qui repréſente Apollon vainqueur du Serpent Python *. C'eſt une belle Copie d'un excellent Original du bon tems de la Grèce. Cette admirable Statue peut nous donner l'idée d'un jeune Dieu vainqueur, qui a pris la Figure humaine : aſſurément il ne l'a pas choiſie commune. Vous avez raiſon, me dit mon ami, & je penſe comme vous.

Repoſons nos yeux, repris-je alors, promenons-nous un peu ; j'ai encore à vous faire voir quelque choſe qui en vaut la peine, quelque choſe où nous aurons beſoin de regarder attentivement & d'admirer. Nous nous arrêtâmes en

* Copiée par *Mazeline.*

chemin auprès de la belle Statue de la Vénus, qu'on appelle *à la Coquille* *, parce qu'elle en tient une dans une de ses mains. Mon ami m'en parut fort content ; il fut sur-tout très-sensible à la belle draperie de linge qui couvre une partie de cette Figure ; elle paroît mouillée, & comme collée à la peau de la Vénus. Cette Déesse paroît sortir du bain, elle est à demi-couchée, & un peu panchée en avant sur le bord d'une fontaine.

Nous revîmes en passant le premier Ganyméde que nous avions regardé en entrant. Mon ami se confirma dans le jugement qu'il en avoit porté, après avoir vû le second. Par-là je m'apperçûs que ses connoissances commençoient à s'étendre & à se perfectionner.

Insensiblement, & en réfléchissant sur ce que nous avions vû, nous ap-

* Cette belle copie de l'Antique est d'*Antoine Coyzevox*.

prochâmes du Bosquet qu'on appelle *les Bains d'Apollon* * ; nous nous arrêtâmes peu au Groupe principal qui représente ce Dieu ** chez Thétis, assis & environné de Nimphes, qui le servent. Je ne voulois pas fatiguer mon compagnon de voiage : d'ailleurs comme je le connoissois excellent Homme de Cheval, j'avois de l'empressement pour lui faire remarquer les deux Groupes des Chevaux d'Apollon, qui sont aux deux côtés du grand Groupe dont je viens de parler : je me doutois bien qu'ils l'amuseroient davantage, étant très-fin connoisseur en ce genre. Je le conduisis vers celui qui est à la gauche, quand on regarde le Groupe d'Apollon : il le trouva beau ***, les

---

* Toutes les Sculptures de ce Bosquet ont été éxécutées par différens Sculpteurs, (*Girardon, Regnaudin*) d'après les desseins de M. *Le Brun*.
** La tête de l'Apollon est celle de Louis XIV. jeune.
*** Le plus beau de ces Groupes de Chevaux, a été fait par *Gaspard de Marsy* ; l'autre est de *Guérin*.

deux Tritons qui accompagnent ces Chevaux, lui parurent vivans & animés convenablement. Mais quel fut mon étonnement, quand je le conduisis vers celui qui est à la droite ! Il le regarda avec la plus grande attention ; il fut long-tems sans parler, puis tout à coup il me dit, d'un air vif & animé, celui-ci me paroît bien supérieur à l'autre : Vous avez raison, lui dis-je, il a été exécuté par un Sculpteur beaucoup plus habile que son Concurrent.

Le jugement de mon ami me confirma dans mon ancienne idée que, pour acquérir des connoissances dans les Beaux Arts, il ne faut presque que le bien vouloir, s'y appliquer, réfléchir & comparer. Non-seulement mon ami remarqua que ces deux Chevaux avoient beaucoup plus de finesse & d'élégance que les deux autres, plus de souplesse dans leurs mouvemens, enfin qu'ils étoient plus semblables à la belle nature ; mais il alla jufqu'à m'en faire une critique de peu de conféquence à la vérité, mais qui marquoit que fes connoiffances, en matière de Cavalerie, étoient portées jufqu'aux plus petits détails. Ces Chevaux font parfaits, me dit-il, je trouverois feulement qu'ils ont la corne des pieds un peu trop longue. Cette remarque, lui répondis-je, eft celle d'un bon Ecuier; mais permettez-moi d'y répondre en amateur : vous trouverez peut-être ma réponfe trop poëtique, & même telle que pourroit être celle d'un Poëte qu'un peu d'enthoufiafme auroit échauffé. Faites réflexion, lui dis-je, que ces Chevaux font des efpèces d'Etres immortels & prefque divins ; qu'ils n'ont jamais marché que fur des nuages, & qu'ils n'ont point été *ferrés*. Il fourit de ce trait auquel il ne s'attendoit pas, & il parut s'en contenter. Mais, continuai-je, voilà affez parler de

SUR LA SCULPTURE. 51

Sculpture; peut-être trop, me direz-vous, je craindrois de vous en laſſer. Ne l'appréhendez pas, me répondit-il; cela m'a amuſé, & je crois que je vous devrai bientôt des remerciemens. Le ſoin que vous prendrez pour étendre mes connoiſſances, ne pourra qu'augmenter mes plaiſirs. En prenant votre politeſſe au pied de la lettre, lui repliquai-je, je ne craindrai donc pas de vous propoſer une promenade pour demain; nous traiterons, ſi cela vous convient, une matière toute différente, mais qui pourra vous occuper agréablement. Ce ſera, ſi vous le trouvez bon, la dernière de ce genre que nous diſcuterons. Très volontiers, me dit-il: à demain.

Le lendemain notre rendez-vous ne put avoir lieu. Nous ne nous rejoignîmes, mon ami & moi, que quelques jours après à Paris, & je n'en fus pas fâché. Comme je me propoſois de l'entretenir

D ij

d'Architecture, Versailles ne nous auroit pas fourni assez d'objets de comparaison en ce genre. Paris y étoit plus propre.

L'Architecture.

LE CHATEAU DE VERSAILLES, malgré les sommes immenses qu'on y a dépensé pendant bien des années, ne présente d'abord aux yeux, sur-tout du côté des Cours, qu'une grande quantité de Bâtimens plus importans par leur étendue, que frappans par leur décoration extérieure. Ce n'est pas qu'on y ait épargné la dorure ; les Toits en sont chargés ; mais ces ornemens, fort ternis aujourd'hui, ne charment plus les yeux, & après tout, le reste n'y répond pas. On s'apperçoit toujours que l'accessoire l'emporte sur ce qui devroit être le principal. Ce Château n'étoit d'abord qu'une petite Maison de Chasse, bâtie par Louis XIII. pour servir de rendez-vous. Louis XIV. en fit le même usage pendant quelque tems ; il s'y plut, il voulut y faire quelque séjour : cela l'obligea d'en augmenter les Bâtimens, & peu à peu il devint tel que nous le voions aujourd'hui.

Ce Palais peut loger très-commodément une Cour nombreuse, mais il est plus recommandable par la grandeur de ses Bâtimens, que par leur beauté. Vû d'une certaine distance, il surprend, mais plus on en approche, plus l'admiration diminue ; & elle finit tout à fait quand on arrive à ce qu'on appelle *la Cour de Marbre*. Qu'est-ce qu'on y voit ? Les restes du *petit & chetif Château de Versailles*, ainsi que s'expriment les Historiens de Louis XIII. qui l'a fait bâtir. On a eu beau le décorer par les dorures de son Toit : la médiocrité de son élévation & son peu d'étendue subsistent toujours. Il est vrai que le côté du Jardin * est beaucoup mieux, & d'une meilleure Architecture ;

* Cette Façade a 212 toises de long.

mais n'est-il pas trop uni, trop égal, peut-être d'une ennuieuse uniformité, peut-être, si l'on ose parler ainsi, un peu trop monotone ? Quelque magnifiques que soient les détails du Jardin, ils n'empêchent pas qu'on ne sente le peu d'agrément de sa situation. Quelqu'un a dit de Versailles, que c'étoit *un Favori sans mérite*. La comparaison est juste ; on a témoigné une grande prédilection pour cet endroit, & l'on n'en a fait qu'une belle, mais triste solitude, qui doit tout à l'Art & rien à la Nature.

Il faut convenir que l'Orangerie de Versailles * est un morceau d'une grande considération ; mais il est plus estimable par son étendue, sa belle disposition & la solidité de sa construction, que par sa décoration. Cependant tout y est grand, noble, mâle, quoiqu'extrêmement simple, & c'est peut-être cette simplicité qui en

* Elle est d'Ordre Toscan, & d'un goût exquis.

augmente le mérite. On prétend que la première idée de ce vaste Bâtiment, fut donnée à Louis XIV. par le fameux *Le Nôtre*, * ce célébre Créateur des plus beaux Jardins. Son voiage en Italie étendit son heureux génie par la vûe des belles choses que ce Païs charmant présente aux yeux connoisseurs. Jusqu'à lui nous avions eu des hommes capables de faire de jolis Jardins pour des particuliers, mais très-peu de propres à en faire de magnifiques. Le Jardin de Fontainebleau commencé par Henri IV. & embelli par le feu Roi, étoit presque le seul qu'on pût juger digne d'une Maison Roiale : nous n'avions pas encore celui du Palais des Thuilleries, que nous devons aux grandes vûes du même Monarque, & aux excellens desseins de *Le Nôtre*. Quel mérite n'y a-t-il pas eu à faire un Jardin qui,

* *André Le Nôtre*, né à Paris en 1613. mort en 1700. Il étoit Controlleur des Bâtimens du Roi, Dessinateur de ses Jardins, & Chevalier de S. Michel.

fans être d'une grande étendue, ne présente cependant aux yeux rien que de grand! Quelle noblesse, quelle magnificence dans le Fer-à-Cheval qui le termine, & qui met à portée de découvrir d'un même coup d'œil, tout ce beau Plant qu'on appelle avec raison *les Champs Elifées ;* la beauté de la Rivière ; celle du Païs qu'elle arrose, & ces agréables Côteaux qui terminent l'horifon à la gauche des Thuilleries !

Le mot que je viens de dire des *Champs Elifées,* m'autorise, ce me semble, à insister sur les projets de leur Auteur, & à rappeller ce qu'il avoit imaginé pour la décoration de Paris. M. *Colbert* est celui qui a fait planter *les Champs Elifées ,* l'Etoile, & les Allées *du Roule* en face du Jardin des Thuilleries *. Toute la partie gauche de ce beau Plant du côté de la Rivière, a été achevée de son tems ; elle

* En 1670.

se r'accorde parfaitement à l'ancien Cours qui est le long de la Rivière, planté par *Marie de Médicis*,*, & replanté pendant là Régence de M. le *Duc d'Orléans* ** : on l'appelle aujourd'hui le *Nouveau* ou le *Petit Cours*. L'intention de M. *Colbert* étoit de planter la partie droite des *Champs Elisées* de symétrie avec la partie gauche. Sa mort interrompit ce projet, qui n'a point été suivi. On a eu la négligence de laisser acheter ces terrains à différens particuliers qui y ont bâti des Hôtels magnifiques, avec de grands Jardins qui donnent sur les *Champs Elisées* : ce qui rend aujourd'hui l'éxécution de ce grand dessein presque impossible. On pourroit cependant y suppléer, si on le vouloit bien. Je dirai bientôt comment.

De plus, M. *Colbert* projettoit de pousser la grande Allée du milieu jusqu'à la

* En 1628.
** En 1723.

Rivière, elle y va, à fort peu de chose près ; & de faire un Pont à cet endroit de la Seine, avec un grand chemin planté d'Arbres, qui auroit conduit à S. Germain ; où la Cour alloit souvent en ce tems là. Toutes ces Allées auroient donné dans le Bois de Boulogne, & s'y seroient raccordées. Toute la partie droite en face du Bois de Boulogne, qu'on appelle *la Plaine des Sablons*, auroit été plantée, & cette partie avec le Bois de Boulogne auroit formé un magnifique Parc, dont le bout auroit été terminé en Terrasse sur la Rivière, ainsi qu'on l'a pratiqué, il y a quelques années, au Bois de Vincennes, avec beaucoup de dépense & peu d'utilité. Encore n'a-t-on pas mis la dernière main à cette entreprise: car ici, j'ose le dire,

. . . . . . avec la liberté
D'un François *qui sçait mal farder la vérité*,
RAC. Brit. Act. 1. Sc. 2.

on forme de vastes projets, on commence,

on va jusqu'à un certain point, & l'on n'achéve rien ; témoin le *Louvre*, &c. *

Ce grand Chemin de S. Germain dont je viens de parler, auroit joint une large Chauffée plantée d'Arbres, qui en montant infenfiblement, auroit conduit à un magnifique Pont fur la Rivière, d'une feule Arche, dont la Culée, du côté de la Montagne, auroit été prefque au niveau de la grande Efplanade qui conduit aux deux Châteaux de S. Germain : ouvrage qui auroit furpaffé ce que les Romains ont fait de plus grand en ce genre.

A l'égard du projet formé par M. *Colbert* pour la partie droite des *Champs Elifées*, on pourroit y fuppléer, en laiffant même fubfifter les Hôtels & Jardins qui rempliffent aujourd'hui ce terrain. Il ne feroit queftion que de fermer ces Jardins par des Terraffes, des Foffés revêtus,

* Le Louvre, *Urbis decus & orbis*, s'il étoit achevé.

ou des Grilles de fer peintes en verd ; on en a ufé ainfi à Londres dans le Parc de S. James, où cela fait un très-bon effet : par ce moien la vûe ne feroit plus offufquée, & l'on jouiroit du fpectacle de ces Jardins, dont la plupart méritent les regards & l'admiration du Public.

Qu'il me foit permis d'ajouter encore une obfervation fur le Quartier des *Champs Elifées*. On projette aujourd'hui de placer la Statue Equeftre du Roi, dans l'Efplanade qui eft entre ce beau Plant d'Arbres & le Pont-Tournant des Thuilleries : cette opération coûtera peu & fera bientôt confommée. Mais il feroit bien à défirer que ceux qui préfideront à l'Ouvrage, c'eft-à-dire, à la décoration de l'Efplanade, vouluffent fe conformer, autant qu'il leur feroit poffible, au premier projet du *Grand Colbert* ; qu'ils fongeaffent furtout à ne point affujettir le Pont qu'on doit faire fur la Rivière à la Rue de *Bourgogne*, ce qui feroit un alignement de biais; mais plutôt à l'aligner sur le milieu de la partie du Rempart qui aboutit à l'Esplanade, & qui est plantée d'Arbres. Il est à remarquer que l'Hôtel de feue Madame la Duchesse sera peut-être démoli, & qu'ainsi il est inutile de s'y assujettir à présent.

Après cette digression, que mon zèle pour l'embellissement de Paris rendra peut-être excusable, je reviens à l'Orangerie de Versailles.

Le Nôtre en donna au Roi un léger craion; & ce Prince qu'un heureux naturel conduisoit toujours à saisir le grand & le beau, en sentit tout d'un coup le mérite; il l'adopta; il donna à son premier Architecte * le soin d'en tracer les

_____
* *Jules Hardouin Mansard*, Chevalier de S. Michel, & Surintendant des Bâtimens. Il mourut à Marly, en 1708. Il étoit neveu de *François Mansard*, Architecte du Roi, né à Paris en 1598. & mort en 1666. Les principaux Ouvrages de celui-ci, sont la Chapelle du Château de Fresne; le Portail des Feuillans à Paris; le Château de Maisons, qui est un

mesures & le chargea de l'exécution. Je tiens cette Anecdote d'un vieillard respectable, homme d'esprit & de goût, qui me la conta dans ma première jeunesse. Il étoit d'autant plus croiable sur ce fait, qu'il avoit vécu long-tems dans la plus grande intimité avec le fameux *Le Nôtre*.

Il m'en dit encore une qui fait autant d'honneur à ce dernier, qu'au grand Prince qui l'emploioit. Le Roi vouloit que pour étendre le Jardin de Versailles, on desséchat une espéce de Marais qui étoit en face : ce Marais étoit traversé par un Ruisseau ; toutes les eaux du canton se rendoient en ce lieu, y séjournoient, y entretenoient une humidité aussi désagréable que mal saine. Dessécher totalement cet endroit, étoit une opération très-difficile : on la tenta, on y emploia

---

Chef-d'œuvre d'élégance ; l'Hôtel de la Vrillière, aujourd'hui de Toulouse, près la Place des Victoires ; l'Eglise de la Visitation de Sainte Marie, Rue S. Antoine. *François Mansard* étoit fort supérieur à *Jules Hardouin* son neveu.

bien des hommes, bien du tems & beaucoup de dépense ; on avançoit peu. *Le Nôtre* prit tout d'un coup son parti en habile Homme ; il dit au Roi : *Sire, je croi ce desséchement presque impossible: Si votre Majesté me le permet, je ferai tout le contraire. Au lieu de m'obstiner à détourner ces eaux, je les rassemblerai, je les animerai, je les ferai couler, & j'en formerai un beau Canal.* Ce projet frappa le Roi, il en vit toute la grandeur & toute la supériorité ; il en ordonna l'exécution ; & c'est à ces deux heureux Génies que l'on doit le magnifique Canal * qui termine aujourd'hui si favorablement le Jardin de Versailles.

Je pourrois encore remarquer dans ce Palais, les Ecuries du Roi ; je pourrois en admirer la forme, l'étendue, la bonne construction, mais j'aurois peu de choses à dire de leur décoration ; elle est très-simple.

* Ce Canal a 800 toises de long, sur 32 de large.

Les

SUR L'ARCHITECTURE. 65

Les discussions où je suis entré sur *Versailles*, sur le *Jardin des Thuilleries*, sur les *Champs Elisées*, sont des hors-d'œuvre par rapport au dessein de fournir à mon ami des objets de comparaison & d'instruction en matière d'*Architecture*. Il est tems de reprendre mes conversations avec lui.

Nous nous rejoignîmes à Paris. Je ne me proposois pas de lui faire faire un Cours détaillé d'Architecture ; outre que je n'en sçavois pas assez pour une si grande entreprise, je voulois seulement lui faire remarquer ce que nous avions de mieux en ce genre, & lui donner envie d'y acquérir par la suite une connoissance plus étendue.

Je le menai d'abord à *la Fontaine* * des

* La Fontaine des Innocens a été bâtie en 1550. L'Architecture est de *Pierre Lescot*, Abbé de Clagny, & la Sculpture de *Jean Goujon*, tous deux François. Elle a été restaurée en 1708. On y a placé l'Inscription suivante, qui est du fameux *Santeuil*,
 Quos duro cernis simulato marmore fluctus,
 Hujus Nympha loci credidit esse suos.

E

Innocens ; je lui en fis observer la belle forme, l'élégante simplicité, la légèreté de son Architecture, la délicatesse de ses Pilastres, l'agrément de ses Bas-reliefs, & la finesse de leur exécution. Je ne m'amusai point à lui en faire l'histoire, elle se trouve dans les Descriptions imprimées de la Ville de Paris ; j'y renvoiai mon ami, & j'en usai ainsi à l'égard des autres morceaux d'Architecture que je lui fis voir. Il étoit question de l'intéresser aux beautés de l'Art, non de lui apprendre comment, par qui & par quelles voies les monumens de l'Architecture moderne se font multipliés dans Paris.

Je ne le conduisis point à la belle Fontaine du célébre *Bouchardon* *, qui est dans le Fauxbourg S. Germain. Quelques beautés que j'eusse pû lui faire remarquer dans cet excellent morceau, comme les Sculp-

---

* Bâtie en 1739. sur les Desseins & la conduite d'*Edme Bouchardon*, né à Chaumont en Bassigny.

tures en font le principal mérite, & que l'Architecture n'en est que l'accessoire, cela n'alloit point assez à mon objet. Il nous seroit arrivé seulement de déplorer le malheur de la situation de ces deux Fontaines (celle des *Innocens* & celle de la Rue de *Grenelle*). De part & d'autre, rien de plus désavantageux.

Je le menai voir le magnifique Portail de l'Eglise de S. *Gervais* *; il en admira l'élévation, la solidité, la noble construction, les belles proportions. Nous regretâmes seulement qu'il n'y eût pas devant ce Portail assez d'étendue & de reculée, pour que les yeux de ceux qui le regardent pussent en embrasser plus aisément tout l'ensemble. Nous eûmes souvent occasion de former les mêmes regrets à l'égard d'autres Bâtimens encore plus considérables.

* Il a été bâti par *Jacques de Brosse*, François, en 1616. C'est le même Architecte qui a construit le Palais du Luxembourg, l'Acqueduc d'Arcueil, &c.

Nous n'allâmes point, mon ami & moi, à S. *Sulpice*, pour y voir le Portail * bâti par le *Chevalier Servandoni* Florentin, Peintre & Architecte. Quelque considérable que soit cet Ouvrage, comme il n'est point achevé, nous n'aurions pû en porter un jugement arrêté. Nous aurions seulement gémi, comme à S. *Gervais*, du peu d'espace qu'on a pour voir, comme il faudroit, cette magnifique & immense fabrique. Il n'y a pas d'apparence qu'on puisse remédier sitôt à cet inconvénient.

LE PALAIS DU LUXEMBOURG ** ne pouvoit nous échapper. Cette belle Maison, dis-je à mon ami, est du célébre *Jacques de Brosse*, qui a construit le Portail de S. *Gervais*. Il a voulu que ce Portail annonçât, par sa magnificence, un Temple respectable & la majesté des objets qui y conduisent. Il a voulu, en

* Ce Portail a été commencé en 1733. pendant que M. *Languet de Gergy* étoit Curé de cette Paroisse.
** Commencé en 1615. achevé en 1620.

construisant *le Luxembourg*, que ce fût un Palais digne d'être habité par une grande Princesse. C'est pour *Marie de Médicis* qu'il l'a bâti. Cette Princesse Italienne avoit pû prendre dans son Païs des idées de la grande Architecture qui y régne ; elle étoit magnifique, elle étoit Régente en France ; ainsi l'habile Architecte n'a rien négligé pour la satisfaire. On trouve dans ce Palais de l'étendue, de la solidité & de la noblesse.

Allons, dis-je à mon ami, voir un autre Palais, bâti par un autre Architecte & pour une autre Princesse. Je crois que vous ne le trouverez pas inférieur à celui-ci. Je le menai aux *Thuilleries*. Vous n'avez encore vû, lui disois-je en chemin, que trois choses qui puissent vous servir d'objets de comparaison ; savoir une jolie Fontaine, un beau Portail d'Eglise, une magnifique Maison propre à loger un Prince : nous allons voir préfentement un Palais digne d'un grand Roi.

Catherine de Médicis, qui pour lors étoit à peu près dans la même situation où *Marie* se trouva depuis, le fit bâtir *, & se servit pour cela du célébre *Philbert de Lorme* **, qui le premier, comme on a dit, dépouilla l'Architecture de ses habillemens Gothiques, pour la revêtir de ceux de l'ancienne Grèce. *Catherine* aimoit les Sciences & les Beaux Arts, elle fit un mauvais usage des Sciences, en donnant dans l'*Astrologie judiciaire*; mais elle fit fleurir les Arts en France. Elle laissa à ses enfans qui, après elle-même & l'envie de régner, étoient les objets les plus chers à son cœur, l'habitation du *Louvre*, qui, dans ce tems-là,

---

* Il fut commencé en 1564.

** *Philbert de Lorme*, né à Lyon, a vécu sous les Régnes d'Henri II. de François II. & de Charles IX. Il a beaucoup travaillé au *Louvre*, au Palais des *Thuilleries*, au Château d'*Anet*, à celui de *S. Maur*, &c. Il mourut en 1577.

n'étoit pas à beaucoup près aussi considérable qu'elle l'est aujourd'hui. *Catherine* imagina de bâtir pour elle un nouveau Palais qu'elle pût habiter avec sa Cour; ce Palais, qui est celui des *Thuilleries*, devoit être plus étendu que nous ne le voyons aujourd'hui; j'en ai vû d'anciens Plans gravés; il devoit être accompagné de Cours latérales, de Basse-Cours, d'Ecuries fort vastes. La Reine n'acheva point ce qu'elle avoit commencé; elle se dégouta des *Thuilleries* sur une prétendue prédiction de ses Astrologues; elle abandonna ce dessein, & se fit construire un autre Palais * près de S. *Eustache*, Maison triste & bien inférieure à celle qu'elle quittoit. Nous l'avons connue sous le nom d'*Hôtel de Soissons*, on vient de la démolir, & il n'en reste que la *Colonne* érigée aussi par *la Reine Catherine*, pour y faire des Observations Astronomiques.

* Par *Jean Bullant*, en 1572.

Cette Colonne appartient aujourd'hui à la Ville *, peut-être la démolira-t'on par la suite, quoiqu'elle méritât d'être conservée & *restaurée* ; on en pourroit faire une Fontaine publique.

Pour revenir au *Palais des Thuilleries*, la Princesse, dont nous venons de parler, n'acheva que ce qui se voit présentement, & qui consiste dans le gros Pavillon du milieu, les deux corps de Logis contigus, & les deux Pavillons qui les terminent. Tout le reste ne fut point commencé ; encore ce que *Catherine de Médicis* acheva, n'avoit-il pas toute la magnificence & tout l'exhaussement qu'il a aujourd'hui.

Louis XIV. toujours grand, y fit faire des embellissemens considérables ; ** il l'exhauffa de l'Attique qui y régne par-

---

* En 1750. cette Colonne a été achetée & conservée par les soins de M. *de Bernage*, Prevôt des Marchands.
** En 1664. sous le Ministère de M. *Colbert*, & sous la direction de *Louis Le Vau*, & de *François d'Orbay* son Elève.

tout, & fit ajouter un troisième Ordre au Pavillon du milieu & aux deux latéraux, ce qui y donne un grand air de noblesse. On y admiroit autrefois un superbe Escalier à deux rampes, qui occupoit le milieu du Bâtiment. C'étoit un Chef-d'œuvre par sa légèreté, par sa solidité, par le trait hardi & la coupe des pierres ; mais au tems de la grande restauration que fit faire Louis XIV. à ce Palais, on trouva que cet Escalier ôtoit à ceux qui entroient, la vûe du magnifique Jardin dont on avoit déja l'idée. On le détruisit, & l'on fit celui que nous voions, fort beau dans sa manière, & qui n'offusque rien.

Les Appartemens du *Palais des Thuilleries* furent considérablement embellis de Peintures, de Sculptures, de Dorures. On y emploia les plus habiles Maîtres de ce tems-là, & il y en avoit beaucoup. Les Rois n'ont qu'à vouloir, ordonner, protéger, encourager & récompenser, ils ne manqueront jamais d'habiles gens en tout genre. Mais notre objet aujourd'hui n'est pas d'entrer dans ces détails. Ne parlons que d'*Architecture*, & encore n'en parlons que très-succinctement, s'il est possible.

Disons donc que le Palais qui, du côté du Jardin, n'avoit, avant ses augmentations, que les trois corps de Bâtimens dont nous venons de parler, formoit un tout ensemble bien proportionné. Ce n'étoit, à proprement parler, qu'un beau Château. On a voulu l'augmenter ; on y a ajouté deux grands corps de Bâtimens, & deux gros Pavillons latéraux extrêmement exhaussés : qu'en est-il arrivé ? Ces nouveaux Bâtimens paroissent d'une forme Colossale, & écrasent, pour ainsi dire, les anciens qui, dans leur premier état, se trouvoient isolés, & ne présentoient rien que de très-élégant, de très-fin & de très-agréable. L'œil pouvoit embrasser le tout ensemble, avec la plus grande satisfaction.

Il est vrai qu'aujourd'hui la face * de ce Palais, du côté du Jardin, est beaucoup plus étendue & qu'elle impose, mais les Accessoires nuisent au principal, & s'y r'accordent mal. *Philbert de Lorme* s'en seroit peut-être mieux acquitté. Pour excuser ces augmentations qui paroissent monstrueuses, on pourroit dire qu'on y a été engagé par le desir de conserver le plein-pied des Appartemens du premier étage de l'ancien Château, avec celui de la grande Galerie qui est en retour le long de la Rivière. ** Cette longue Galerie a été bâtie sous différens Rois, & elle n'est pas d'une Architecture uniforme; mais, malgré ses irrégularités, elle ne laisse pas de former un tout ensemble d'une magnificence & d'une étendue qui

* Cette façade a 168. toises de long.
** Cette Galerie a 221. toises de long.

ne se trouvent dans aucun Palais. Elle joint ce qu'on appelloit autrefois, & mal à propos, le *Vieux Louvre*. C'est de ce grand objet que je dois présentement parler.

Nos Rois avoient un ancien Palais dans l'emplacement où est situé aujourd'hui le *Louvre*. C'étoit un amas confus de Tours & de Bâtimens Gothiques, sans ordre & sans symétrie. François I. le Pere & le Restaurateur des Sciences & des Beaux Arts en France, avoit attiré d'Italie d'habiles Artistes en plusieurs genres ; il s'en étoit servi à embellir l'ancien & vaste Château de *Fontainebleau* ; il conçut le dessein de se faire dans sa Capitale une habitation digne de lui & d'elle. En 1528. il commença par faire démolir la plus grande partie de l'ancienne ; il fit jetter les fondemens fort solides d'une partie de la nouvelle ; mais il avança peu.

Henri II. fon Fils & fon Succeffeur, Prince voluptueux & magnifique, reprit en 1548. l'Ouvrage commencé; il l'étendit & l'embellit beaucoup; il y employa *Pierre Lefcot*, Abbé de Clagny, Architecte François, qui ne fit point regretter les Italiens. C'eſt-là que je conduiſis mon ami.

Après avoir parcouru pluſieurs Rues qui ne donnent pas à ce Palais un abord favorable, nous nous arrêtâmes à la petite Place qui eſt au bout de la Rue Fromenteau, & vis-à-vis celle des façades du *Louvre*, par laquelle on y entre le plus ordinairement. Mon ami la trouva plus ſolide que magnifique. Je voulois exprès le conduire par dégrés, en commençant par le moins pour aller enſuite au mieux, & finir par le plus parfait.

Nous entrâmes dans la Cour du *Louvre*, par le beau veſtibule à Colonnes qui y conduit. Je le fis remarquer à mon ami.

Ce Vestibule, lui dis-je, a été bâti sous Louis XIII. par *Jacques Le Mercier* ; on prétend qu'il est imité de celui que le célébre *Michel-Ange Buonarroti* * a construit à Rome pour le Palais Farnèse. Mon ami le trouva bien. Nous tournâmes à droite dans la Cour, & là, je lui fis faire attention à l'élégance de l'Architecture ** qui décore cette portion du Bâtiment. Il admira la finesse & la belle exécution des ornemens de Sculpture *** dont elle est fort enrichie. Ceci est du Régne de *Henri II.*

La portion qui est d'équerre avec celle-ci, & dont la face extérieure donne sur la Rivière, a été continuée sur le même dessein par les Rois suivans, & étoit restée imparfaite. La partie qui est à la gauche du Vestibule par où nous étions entrés, tant du côté du dehors que de

---

* Né à Florence en 1474. mort à Rome en 1564.
** Par l'*Abbé de Clagny.*
*** Par *Jean Goujon.*

celui de la Cour, a été conſtruite ſous le Régne de Louis XIII. ainſi que ce Veſtibule, & continuée en retour d'équerre.

Louis XIV. qui avoit la noble & louable ambition de faire mieux que ſes Prédéceſſeurs, voulut achever ce ſuperbe Edifice ſur un deſſein encore plus beau & plus grand. Il fit continuer ce qui reſtoit à faire pour rendre la Cour du Louvre plus vaſte & exactement quarrée. Il appella d'Italie le fameux *Cavalier Bernin**, Peintre, Sculpteur & Architecte du premier ordre. Celui-ci donna pluſieurs deſſeins différens pour l'achevement du Louvre; & un François l'emporta encore cette fois ſur l'Italien.

Un célébre Médecin de l'Académie Roiale des Sciences, M. *Perrault* **,

---

* *Jean-Laurent Bernin*, né à Naples en 1598. mort à Rome en 1680.

** *Claude Perrault*, né à Paris en 1613. mort en 1688. âgé de 75 ans, a traduit Vitruve; il a donné les deſſeins de la Colonade du Louvre, de l'Obſervatoire de Paris, de la Chapelle de Sceaux, de l'Arc de Triomphe du Fauxbourg présenta ses desseins qui, avec raison, furent préférés & acceptés par le Roi; ce Prince, toujours guidé par le goût naturel qu'il avoit du beau, du noble, de l'excellent, sentit toute la supériorité de ce magnifique projet. En conséquence on commença * par continuer les deux Aîles latérales sur le même Plan des autres, & à peu près de la même décoration extérieure. Seulement on les exhaussa d'un troisième Ordre plus élevé que l'Attique qui régne sur toutes les parties du Louvre construites antérieurement, & cela pour donner plus d'élévation & de noblesse à ce beau Bâtiment; sauf par la suite à en faire autant partout. Ces nouvelles parties, comme vous

---

S. Antoine, dont on a détruit le modéle en 1716. Les fondemens en avoient été jettés en 1670. & le Bâtiment élevé jusqu'à la hauteur des Pieds-d'estaux des Colonnes. Tout ce qui étoit au-dessus n'étoit que de plâtre & pour servir de modèle.

* En 1665. sous le Ministère de M. *Colbert*. On cessa d'y travailler en 1670.

voiez,

voiez, ne font ni achevées ni couvertes entièrement.

Mais où M. *Perrault* fit voir l'étendue & l'élévation de fon beau génie, ce fut à la façade extérieure du Louvre qui regarde S. *Germain l'Auxerrois*. En effet, où peut-on trouver plus de nobleffe, plus d'élégance, plus de magnificence, que dans la fuperbe Colonnade * qui décore cette façade ? Tous les ornèmens de Sculpture qui y font répandus avec autant de fageffe que de richeffe, ne font pas tous finis ; mais on peut aifément juger par ceux qui le font à peu près, de ce que feroit devenu le refte, fi l'on eût mis la dernière main à cet Ouvrage. Quel heureux effort de génie, d'avoir réduit cette grande Décoration à un feul Ordre ! ** Que cela lui donne de majefté!

* Elle a 87 toifes & demie de longueur.

** *Regia folis erat fublimibus alta Columnis.*
    Ovide, Metam. L. 2, v. 1.

F

Quelle idée n'offre-t'elle pas du Palais qu'elle annonce ; de celui pour qui on l'a bâti ; & de celui qui l'a imaginée ! Malheureusement ces belles entreprises furent arrêtées. Une longue guerre, des changemens dans le Ministère, la mort de M. *Colbert*, & peut-être plus que tout cela, le goût que Louis XIV. prit pour Versailles, & les grandes dépenses qu'il y fit, en furent cause. Si ce Palais eût été achevé selon les idées de M. *Perrault*, quel est le Souverain qui pourroit se vanter d'avoir une habitation comparable à celle-ci ? Tous les Etrangers, tous les Voiageurs Curieux & Connoisseurs, conviennent qu'ils n'ont rien vû qui en approche, & que l'Italie qui renferme tant de beaux Edifices, n'a rien qui ne lui soit inférieur. A peine la Grèce & l'ancienne Rome pourroient-elles le lui disputer. Il exista peut-être des Bâtimens plus remarquables par leur grandeur &

par leur élévation ; mais ce n'est pas un énorme amas de pierres qui fait le prix d'un Edifice ; c'est la beauté de sa forme & la justesse de ses proportions.

Ne quittons pas encore cette Colonnade, me dit mon ami, à qui elle causa la plus grande admiration : éloignons-nous pour la mieux voir, & pour jouir agréablement du tout ensemble. Mais quelle fut la mortification que nous ressentîmes, quand nous apperçûmes tout ce qui s'opposoit à nos plaisirs ! Nous vîmes avec douleur que ce magnifique Edifice étoit offusqué par de vilaines & chétives Maisons, qui en dérobent à la vûe les plus considérables parties. Il est vrai que, si on l'eût achevé, ces indignes Bâtimens n'auroient pas subsisté, & qu'on n'en verroit pas d'autres placés aujourd'hui jusques dans le milieu de la Cour. Rien de plus facile au reste que de les supprimer, puisque tout le terrain qu'oc-

F ij

cupent ces misérables constructions appartient au Roi. Espérons d'une longue paix que nous devons à un Monarque sage & modéré, quoique vainqueur ; espérons de son goût noble & grand, des bonnes intentions & de la prudente administration du bon Citoien * à qui il a confié la Direction générale de ses Bâtimens ; de la façon de penser élevée du Ministre ** qui a aujourd'hui le Département de Paris, que le tems viendra où les bons François & les Habitans de cette Capitale, qui se sont toujours distingués par un zèle ardent pour leurs Souverains, auront le plaisir de voir achever un Palais digne d'être habité par ceux qui feront toujours l'objet de leur respect & de leur amour. Hélas ! il y a eu un moment ***, qui n'est pas encore éloigné,

* M. Le Normand de Tournehem.
** M. Le Comte d'Argenson.
*** Le Roi avoit donné l'ordre d'achever le Louvre. D'autres opérations ont suspendu l'exécution de ce beau projet ; espérons qu'on le reprendra.

où ils ont cru pouvoir s'en flatter : qu'il revienne, & ils feront contens.

Suppofons, premièrement, que l'on achevât le Louvre ; fecondement, que l'on fît au Palais des Thuilleries les augmentations convenables & néceffaires, tant du côté de la Cour des Princes que de celle des Suiffes, fans cependant exiger qu'on continuât du côté de la Rue S. Honoré une Galerie pareille à celle qui eft du côté de la Rivière. Cette nouvelle Galerie feroit totalement inutile, & jetteroit dans des dépenfes trop confidérables. L'efpace contenu entre ces deux Galeries feroit trop vafte : le Louvre & le Palais des Thuilleries fe joignent & fe communiquent par la Galerie qui eft du côté de la Rivière, cela fuffit.

Suppofons, troifièmement, que les Rois habitaffent quelquefois Paris, ou y fiffent leur principale réfidence ; en ce cas, qui peut arriver dans la fuite des tems, ne feroit-il pas bien convenable qu'on tâchât aujourd'hui d'achever de planter *les Champs Elifées*, ainfi qu'on le propofe? Cet arrangement procureroit à l'habitation principale des Rois, un ornement bien digne de leur magnificence & de la grandeur de la Ville Capitale de leur Roiaume.

Qu'on ne dife point: Les Rois n'habiteront jamais Paris & le Louvre; que fçait-on? plufieurs Rois s'y font plû; la même chofe ne peut-elle pas encore arriver? Henri IV. s'y plaifoit beaucoup. Il s'en falloit bien dans ce tems-là que Paris & le Louvre fuffent auffi magnifiques qu'ils le font aujourd'hui. Perfonne n'ignore cette petite Anecdote. Ce grand Prince fe faifoit un jour un plaifir de faire voir les Appartemens du Louvre qu'il avoit embellis, à un Ambaffadeur d'Efpagne arrivé depuis peu à fa Cour: il le conduifit partout; il demanda enfuite à l'Ambaſſadeur ce qu'il en penſoit, & ſi le Palais de Madrid étoit plus beau? L'Ambaſſadeur en Courtiſan loua tout, mais en Eſpagnol prévenu pour ſon Païs, il ajouta que le Palais du Roi ſon Maître étoit ſupérieur. Attendez M. l'Ambaſſadeur, lui dit le Roi, & le menant ſur le Balcon qui eſt au bout de la Galerie du Louvre, qu'on appelle aujourd'hui *la Galerie d'Apollon**, regardez, lui dit-il, votre Maître a-t'il au bout de ſon Palais une Rivière & une Ville comme celle que vous voiez d'ici? L'Ambaſſadeur ſe tût & reſta dans l'admiration. Que ſeroit-ce aujourd'hui, que cette Rivière & cette Ville ſont ſi conſidérablement embellis par les plus beaux Quais, les plus beaux Ponts & les plus beaux Bâtimens qui y ont été conſtruits depuis ce tems-là & qui augmentent tous les jours?

Quand il a été queſtion de former une

* Embellie par Louis XIV.

Place pour y ériger une Statue Equeſtre du Roi, un jeune Architecte * préſenta un Projet qui attira l'attention des Connoiſſeurs : ce jeune homme plein de génie **, de talent & de goût, étoit déja connu, ſurtout par un beau Projet pour la réédification de l'Hôpital & de l'Egliſe des *Quinze-vingts* : Projet qui fut admiré de tout le monde, & qui cependant n'a pas été exécuté.

Le Plan qu'il donna pour la conſtruction de cette Place, avoit encore l'avantage de concourir avec l'achévement du Louvre. Un côté de la Place qu'il imagina pour la Statue Equeſtre, auroit été formé par la belle Colonnade de M. *Perrault* ; un autre par le Quai ſur la Rivière ; un troiſième vis-à-vis de ce dernier, par un magnifique *Hôtel de Ville* ; enfin le côté en face de la Colonnade auroit

---

* Le Sieur *Laurent Deſtouches*, de Paris.
** Ces trois choſés ſont bien remarquables dans un Artiſte. Le *Génie* invente, le *talent* exécute, le *goût* choiſit.

contenu des Hôtels pour le *Grand Conseil*, pour *la Monnoie*, pour *les Postes*, pour *le Garde-Meuble du Roi*, &c. Une Rue fort large se seroit trouvée vis-à-vis la grande Porte du Louvre, & auroit abouti dans la Rue des Prouvaires. Il est vrai que pour donner à cette Place l'étendue qu'exigeoit la magnificence des Bâtimens qu'elle auroit contenus, on se seroit trouvé dans l'indispensable nécessité de démolir l'Eglise de S. *Germain l'Auxerrois*; mais on l'auroit rebâtie, & mieux qu'elle n'est, dans l'endroit où est aujourd'hui l'*Hôtel des Monnoies*, dont les Bâtimens sont indignes de la Capitale du Roiaume. Cette Eglise de S. *Germain* auroit été construite sur les fonds des *Economats*; ainsi qu'on en a usé à l'égard de la nouvelle Paroisse de Versailles, & par cet arrangement il n'en eût rien coûté au Roi ni à la Ville.

Pour ce qui regarde la Place même,

destinée à la Statue Equestre, elle auroit exigé bien moins de dépense que beaucoup d'autres projettées à d'autres endroits, puisque le côté formé par la Colonnade du Louvre est bâti ; qu'on auroit laissé le côté du Quai ouvert comme il est, & qu'il ne seroit resté que deux côtés à bâtir. Quels avantages d'ailleurs dans la situation & les accompagnemens de cette Place ! Ceux qui seroient venus du Fauxbourg S. Germain dans la partie de la Ville qui est au nord de la Rivière, en passant sur le Pont-Neuf auroient apperçû tout d'un coup la superbe Façade du Louvre. En traversant la Place, ou en la longeant du côté du Quai, ils auroient découvert le nouvel *Hôtel de Ville* & les beaux Bâtimens qui auroient achevé de la former. Il n'est pas aisé d'imaginer un coup d'œil plus satisfaisant.

Tous ceux à qui le jeune Architecte fit voir son Projet, en furent enchantés ;

quelques-uns trouvèrent seulement que la dépense en seroit encore trop forte ; pour y obvier, il proposa de ne nettoier, devant le Louvre, que l'emplacement contenu entre la Colonnade & le Portail de S. *Germain l'Auxerrois*, sauf à l'achever, le restaurer, ou le cacher par un autre Portail de meilleur goût, comme on a fait à S. *Gervais*. Ses projets furent admirés de tout le monde, & on ne les accepta pas ; on projetta plusieurs autres Places dans différens endroits du Fauxbourg S. Germain ; aucun de ces desseins n'a eu lieu ; & enfin on s'est déterminé, comme je l'ai observé plus haut, à placer la Statue Equestre du Roi dans l'Esplanade des *Champs Elisées*, en face du Pont-Tournant des Thuilleries. La forme & la décoration ne sont point encore décidées. La situation en est avantageuse à bien des égards ; on peut y faire du beau, pourvû qu'on n'y fasse point trop de

Bâtimens, ce qui ôteroit la vûe d'un des plus beaux endroits qu'il y ait dans le monde connu. Cependant il faut convenir que la Place projettée devant le Louvre auroit eû l'avantage d'être dans la Ville, & au milieu d'un de ses plus beaux quartiers : avantage que l'autre place n'aura pas, puisqu'elle sera au-dehors.

Nous terminâmes là notre courte promenade & nos longues conversations. Je n'entrai, comme on a vû, avec mon ami dans aucun détail sur les trois articles que nous traitâmes ; je ne lui présentai que quelques objets. Je lui indiquai, avant que de nous séparer, les Livres dans lesquels on trouve ces détails ; je lui conseillai de les lire quand il en auroit le loisir ; il me le promit & nous nous quittâmes. A quelque tems delà nous nous rejoignîmes ; mon ami avoit beaucoup lû, beaucoup vû ; il avoit réfléchi & comparé ; je ne fus point étonné de le trouver *Connoisseur*. Ce me fut une nouvelle preuve de ce que j'ai osé avancer dans mon Avertissement, qu'avec quelques dispositions naturelles, de l'application, de la réflexion, & en comparant, on pouvoit acquérir bien des connoissances en ces matières.

On le peut, je l'essaie ; un plus Sçavant le fasse.
La Fontaine, L. 2. Fab. 1.

F I N.

www.ingramcontent.com/pod-product-compliance
Lightning Source LLC
Chambersburg PA
CBHW070153230526
45471CB00002B/646